DROITS

DES

MILITAIRES ET DE LEURS FAMILLES

VICTIMES DE LA GUERRE

aux

SECOURS
PENSIONS
GRATIFICATIONS

Brochure publiée avec autorisation de l'Autorité Militaire.

Prix : **0.50,** *Franco.*

DÉPÔT ET RENSEIGNEMENTS : **2, Boulevard des Belges.**

M. BOURDEAUX, ROUEN.

DROITS

DES

MILITAIRES ET DE LEURS FAMILLES

VICTIMES DE LA GUERRE

aux

SECOURS
PENSIONS
GRATIFICATIONS

Brochure publiée avec autorisation de l'Autorité Militaire.

Prix : **0.50**, *Franco.*

DÉPOT ET RENSEIGNEMENTS : **2, Boulevard des Belges.**

M. BOURDEAUX, ROUEN.

Beaucoup de soldats et de familles, victimes de la guerre, ignorent encore leurs droits exacts en matière de pensions et de secours alloués par l'Etat.

Nous n'avons pas la prétention de faire un exposé juridique de la question. Notre but est beaucoup plus modeste : nous avons simplement compilé et condensé les décisions prises jusqu'à ce jour par le Gouvernement, et nous avons ensuite indiqué la marche à suivre pour obtenir les pensions et secours dûs aux victimes de la guerre.

L'auteur s'estimera trop heureux si la publication de cet opuscule peut faciliter la tâche de chacun et éviter bien des démarches et correspondances inutiles.

B. Ch.

DROITS

DES

MILITAIRES ET DE LEURS FAMILLES

Victimes de la Guerre

AUX

Secours, Pensions, Gratifications, etc.

CHAPITRE I.

SECOURS

§ I.

Secours immédiats

aux Femmes, Ascendants, Descendants des Militaires décédés.

Secours par suite du Décès au Corps

Des secours immédiats indépendants de la pension et des autres allocations *même celle des communes* sont accordés aux veuves et orphelins, ou, à défaut, aux ascendants au premier degré, des militaires décédés au cours des opérations de guerre.

Demandes.

Il n'y a pas de modèle réglementaire (1) de demande à produire ; il suffit aux ayants-droit de s'adresser, par lettre, au Général Commandant la subdivision du domicile de leur résidence, en exposant sommairement les faits, les date et lieu du décès de l'ayant-cause. Ne pas oublier d'indiquer le Régiment et la Compagnie auxquels appartenait le militaire décédé et mentionner exactement l'adresse du pétitionnaire,

---

(1) Voir toutefois un modèle général de demande pour pensions ou secours à la fin de cet ouvrage.

dont la signature devra être légalisée par le Maire de la Commune où il réside.

Justifications.

Les demandes sont accompagnées, autant que possible, d'une copie de l'*avis de décès* certifié par le Maire et obligatoirement d'une des pièces ci-après établies sur papier libre :

Pour les Veuves : Copie de l'extrait de l'acte de mariage.

Pour les Orphelins : Copie de l'acte de naissance de l'orphelin ; désignation du tuteur ou certificat attestant que l'enfant est à la charge du demandeur.

Pour les Ascendants : Extrait de l'acte de naissance du fils ; Certificat attestant que le militaire est célibataire.

Payement des Secours.

Il ne sera procédé à aucune enquête : l'aide à apporter dans la circonstance devra être immédiate, les instructions ministérielles spécifiant que l'ayant-droit sera payé directement, sitôt sa situation établie aux yeux de l'administration militaire, s'il habite la localité du dépôt du Corps auquel appartenait le défunt, par mandat sur le Trésor, ou par lettre chargée dans les autres cas.

Tarifs.

Les tarifs adoptés sont les suivants :

Veuve, orphelin ou ascendant au premier degré d'un :

Caporal ou soldat	150 francs.
Sous-Officier.	200 —
Sous-Lieutenant ou Lieutenant. . .	300 —
Capitaine	400 —
Commandant.	500 —
Colonel et Lieutenant-Colonel . . .	600 —

Secours pour Décès après réforme

Des secours ne peuvent être alloués aux familles des militaires réformés n° 2, décédés dans leurs foyers. Cependant si le décès est survenu peu de temps après la réforme *et s'il est établi que la maladie, cause du décès*, a été contractée pendant la présence du militaire sous les Drapeaux, la possibilité d'accorder un secours peut être examinée ; dans ce cas, c'est à l'Administration Centrale du Ministère de la Guerre qu'il appartient de statuer.

Secours pour Décès dans un camp de prisonniers de guerre

La femme d'un mobilisé, prisonnier de guerre, dans un camp ennemi, y contractant une maladie et mourant des suites de cette maladie, a droit à un secours d'urgence *et à une pension* à condition que le décès soit établi d'une façon certaine.

§ II.

Secours éventuels

Différents cas pour solliciter des secours.

Des secours renouvelables et de taux variables peuvent être accordés :

1º Aux veuves et orphelins des militaires décédés des suites de la guerre, qui ont de nombreuses charges de famille et que la disparition du chef de famille laisse dans la gêne.

2º Aux militaires réformés sans pension ou gratification, par suite d'une infirmité non attribuable au service, et qui se trouvent dans le besoin ainsi qu'à leurs veuves et orphelins.

3º Aux ascendants des militaires décédés pour quelque cause que ce soit, surtout si celui-ci en était le soutien.

Demandes.

Les demandes sont adressées au Ministre, en établissant le lien qui unissait à l'ayant cause et en faisant légaliser signature et pièce par le maire de la commune.

Il ne sagit pas là d'un droit, mais d'une aide à apporter dans des circonstances spéciales qu'il y a lieu de signaler à la bienveillante attention du Ministre, lequel demeure seul juge de la suite à donner et du montant de l'allocation à attribuer.

CHAPITRE II.

PENSIONS

Droit

Les militaires blessés, les veuves et orphelins des décédés, les sous-officiers caporaux et soldats que leurs blessures rendront infirmes, auront droit, suivant le cas, à une pension

Pendant la durée des hostilités, ce droit s'applique à tous les militaires de l'active, de la réserve ou de l'armée territoriale, pourvu qu'il soit établi que les blessures, accidents ou maladies ouvrant ces droits, soient attribuables directement au service.

§ I

Pensions des blessés et infirmes

Les blessures ou infirmités donnent droit à retraite lorsqu'elles sont graves ou incurables ou qu'elles proviennent d'événements de guerre ou d'accidents éprouvés dans un service commandé.

Justifications

Il suffit pour cela de déterminer les points essentiels suivants :

1° *L'origine* : Etre attribuable au service ;

2° *La gravité* : Etre incurable ;

3° *L'incurabilité* : S'il s'agit d'un officier, le mettre hors d'état de rester en activité et lui enlever la possibilité d'y rentrer ultérieurement ; pour les sous officiers, caporaux et soldats, les mettre hors d'état de service et de pourvoir à leur subsistance.

L'examen des blessures et infirmités est pratiqué par des médecins experts désignés par l'autorité militaire, qui ont seuls qualité pour apprécier la gravité des affections alléguées, leurs relations avec les causes invoquées pour la justifier et le droit qui en résulte.

Demandes

Tout militaire qui aura à faire valoir ses droits à pension, pour cause de blessure ou infirmité, devra en faire la demande *avant de rentrer dans ses foyers* (1).

---

(1) Les hommes qui, pendant leur séjour sous les drapeaux, sont jugés impropres au service, sont immédiatement proposés pour la réforme. Si leur aptitude ne peut être affirmée qu'après une période d'observation ils sont maintenus au Corps. Il s'ensuit qu'en principe, il doit être toujours statué sur le cas des militaires blessés ou malades avant le renvoi dans leurs foyers ; c'est, d'ailleurs, de l'intérêt de ces militaires d'attendre cette décision au Corps.

Pièces à produire.

Les militaires qui demandent une pension ne font que remplir habituellement des imprimés d'un modèle réglementaire que tous les Corps possèdent.

Toutefois, ils sont tenus à produire personnellement les deux pièces ci-après :

1º Le certificat d'origine de blessures ou le duplicata du billet d'hôpital qui doit être délivré à tout militaire évacué du front. L'une de ces deux pièces constitue la base de leurs droits à pension ; ils ne doivent jamais s'en démunir.

2º Un acte de naissance. Pour les militaires des régions envahies, cette pièce peut être remplacée par une attestation signée de quatre habitants majeurs évacués de la même commune que l'intéressé et légalisée par le maire de la commune où ils sont en résidence actuellement. En cas d'impossibilité, par un acte de notoriété établi dans les conditions de l'art. 70 du Code civil.

Toutes les pièces sont établies sur papier non timbré et sans frais.

Classes des Pensions

Les pensions pour blessures ou infirmités sont rangées en 6 catégories qui, en pratique, n'en forment que 4.

1e et 2e Classes : Comprennent la cécité complète et l'amputation de deux membres. Pension fixe quelle que soit la durée des services.

3e et 4e Classes : Amputation d'un membre, perte absolue de l'usage de deux membres ou équivalences. Pension fixe quelle que soit la durée des services

5e Classe : Perte absolue de l'usage d'un membre ou infirmités équivalentes.

6e Classe : Renferme toutes les blessures ou infirmités qui mettent l'officier et le soldat hors d'état de service et entraînent une diminution de 60 % dans les facultés de travail.

TARIF DES PENSIONS.

GRADES	1re et 2e Classes	3e et 4e Classes	5e Classe (1)	6e Classe (1)	OBSERVATIONS
	Diminution 100 %	Diminution 80 %	Diminution 60 %	Diminution 60 %	
Colonel......	7.800 fr.	6.000 fr.	4.500 fr.	Même Tarif que pour la 5me Classe.	(1) Chaque fois que l'intéressé a accompli plus de 25 ans de service ou de campagnes les annuités en sus se majorent :
Lieutenant-Colonel....	6.500 »	5 000 »	3.700 »		Colonel 75 fr.
Commandant.	5.200 »	4.000 »	3.000 »		Lt-Colonel 65 »
Capitaine ou assimilé					Commandant à Ss-Lieutent
4e échelon...	5 070 »	3.900 »	2.900 »		2e échelon 50 »
3e échelon....	4.810 »	3.700 »	2.700 »		Ss-Lieutenant.
2e échelon....	4.550 »	3.500 »	2 500 »		1er échelon 40 »
1er échelon...	4.290 »	3.300 »	2.300 »		Ss-Officier 15 »
Lieutenant ou assimilé					Caporaux 10 »
4e échelon...	4 290 »	3 300 »	2.300 »		Soldats 7.50
3e échelon....	4.095 »	3.150 »	2.150 »		
2e échelon....	3 900 »	3.000 »	2.000 »		Cette majoration s'applique aussi bien à la 5e qu'à la 6e classe, en ce qui concerne la 5me classe les annuités indiquées sont ajoutées au principal de la pension pour toutes les années de service ou campagne sans exception, lorsque les campagnes cumulées avec les services effectifs forment un total de 30 ans.
1er échelon..	3.705 »	2.850 »	1.850 »		
Ss-Lieutenant ou assimilé					
2e échelon....	3 640 »	2.800 »	1.800 »		
1er échelon...	2.990 »	2 300 »	1.500 »		
Adjudant Chef	1.820 »	1.400 »	1.100 »		
Adjudant....	1.690 »	1 300 »	1.000 »		
Aspirant.....	1.625 »	1.250 »	950 »		
Sergent-Major	1.560 »	1.200 »	900 »		
Sergent	1.430 »	1 100 »	800 »		
Caporal.....	1.170 »	900 »	700 »		
Soldat.......	975 »	750 »	600 »		

Entrée en jouissance.

Là pension des militaires blessés court du jour où le militaire ne touche plus de solde d'activité, c'est-à-dire du jour de sa radiation des contrôles, que cette radiation ait lieu sur sa demande ou au moment où il a reçu notification de la concession de pension, notification qu'il peut demander à attendre au Corps ou dans un établissement hospitalier suivant son état En quittant le Corps, tout militaire, en instance de pension, reçoit un certificat de cessation de paiement qu'il doit échanger à la Sous-Intendance du lieu où il a demandé à toucher sa pension, contre un certificat spécial nécessaire pour en toucher les premiers arrérages.

Aggravation.

Tout militaire pensionné qui subit une aggravation d'infirmité dans le délai de 5 ans, depuis la date de sa radiation des Contrôles, peut obtenir la révision de sa pension pour infirmités en s'adressant au Ministère de la Guerre. La procédure à observer est la même que pour la liquidation primitive.

Hospitalisation des pensionnés.

Les anciens militaires jouissant d'une pension de retraite ou d'une gratification de réforme peuvent être reçus dans les établissements hospitaliers, moyennant retenue, lorsqu'ils sont atteint de maladie aiguë ou nécessitant des opérations sérieuses.

--- ---

§ II

Pensions des veuves, victimes de la guerre

Droit à Pension

Ont droit à pension viagère :

1° *Exceptionnelle* : Les veuves des militaires dont le mari est mort sur le champ de bataille ou par événement de guerre, ainsi que les veuves des aviateurs morts en service commandé.

2° *Normale* : Les veuves des militaires morts d'un accident de service, d'une maladie contagieuse ou endémique contractée au service. Dans tous les cas, pourvu que le mariage soit antérieur aux blessures et à l'origine des maladies. Il est à remarquer qu'en principe, le décès par maladie n'ouvre pas le droit à pension. Pour que le droit existe, il faut justifier que la maladie, cause de la mort, était une maladie contagieuse ou endémique aux influences desquelles le défunt a été soumis par les obligations du service. Toutefois dans le cas où une maladie est déterminée par une violence extérieure, attribuable au service, le droit à pension existe.

Dans le droit à pension, il est nécessaire de déterminer les deux points essentiels ci-après :

1° L'origine en service et la réalité de l'événement de guerre, de la blessure, de l'accident, de la maladie contagieuse ou endémique.

2° La relation de cause à effet entre la mort et l'événement de guerre, la blessure, l'accident ou la maladie invoquée comme origine.

On ne saurait trop insister sur ces justifications à établir, soit par témoignages contemporains de l'événement ou de l'accident, soit par des pièces authentiques susceptibles de faire constater le caractère accidentel de la cause originelle.

Tarifs.

Le Tarif ci-dessous fait ressortir le montant des pensions :

1° *Exceptionnelles* qui correspondent à la 1/2 du maximum pour les veuves d'officiers et aux 3/4 pour les sous-officiers, caporaux et soldats ;

2° *Normales* qui sont du 1/3 dans le premier cas et de la 1/2 dans le second.

GRADES	1° Exceptionnelles	2° Normales	OBSERVATIONS
Colonel..............	3.000 fr.	2.000 fr.	Conformément à l'avis émis par le Conseil d'Etat le 2 Octobre 1914, la veuve d'un officier promu à un grade provisoire a droit à la pension afférente au grade dont le mari était titulaire au moment du décès.
Lieutenant-Colonel	2.500 »	1.667 »	
Commandant..........	2.000 »	1.334 »	
Capitaine 4ᵉ échelon	1.950 »	1.300 »	
— 3ᵉ —	1.850 »	1.234 »	
— 2ᵉ —	1.750 »	1.167 »	
— 1ᵉʳ —	1.650 »	1.100 »	
Lieutenant 4ᵉ échelon	1.650 »	1.100 »	
— 3ᵉ —	1.575 »	1.050 »	
— 2ᵉ —	1.500 »	1.000 »	
— 1ᵉʳ —	1.425 »	950 »	
Sˢ-Lieutenant 2ᵉ échelon	1.400 »	934 »	
— 1ᵉʳ —	1.150 »	767 »	
Adjudant-Chef.	1.050 »	700 »	
Adjudant.............	975 »	650 »	
Aspirant..............	937 »	625 »	
Sergent-Major	900 »	600 »	
Sergent...	825 »	550 »	
Caporal..............	675 »	450 »	
Soldat..............	565 »	375 »	

Pièces à fournir.

Les veuves des militaires ayant droit à pension peuvent adresser leur demande, sur papier libre, soit au Sous-Intendant Militaire de leur résidence, soit au Ministère de la Guerre, *Bureau des Pensions*. Il est indispensable de mentionner exactement l'adresse et de faire connaître la rue et le numéro où la pétitionnaire réside, pour les grandes villes, ainsi que l'endroit où l'intéressée désire recevoir les arrérages de sa pension. La signature doit être légalisée par le Maire de la résidence.

Cette demande doit être accompagnée des pièces ci-après :

1º Acte de naissance de la Veuve ;

2º Acte de célébration du mariage ;

3º Acte de décès du mari (1) ;

4º L'état des services du mari, qui doit être réclamé au dépôt du régiment de celui-ci ;

5º Certificat délivré par l'autorité municipale sur la déclaration de l'intéressée et l'attestation de deux témoins constatant : 1º qu'il n'y a eu entre les époux ni divorce ni séparation de corps ; 2º que la veuve jouit de ses droits civils ; 3ʳ qu'il n'existe pas d'enfant mineur issu d'un précédent mariage. (En cas de séparation de corps prononcée en faveur de la femme, produire un extrait du jugement).

6º Certificat de genre de mort qui doit être demandé au dépôt du régiment du mari et peut être porté sur l'état des services visé ci dessus (Circulaire du 22 Octobre 1914 (2).

Toutes les pièces peuvent être établies sur papier non timbré et sans frais.

Veuves provenant des régions envahies

En ce qui concerne plus particulièrement les veuves évacuées de régions envahies et qui ne peuvent par suite produire leur acte de naissance ou leur acte de mariage, les observations suivantes sont à retenir par les intéressées pour leur permettre de suppléer aux deux actes qui leur manquent ;

1º Acte de naissance à remplacer, s'il est possible, par une attestation signée de quatre habitants majeurs, évacués de la

---

(1) Ces pièces doivent être légalisées si elles sont établies en dehors du Département de la Seine.

(2) Si la Veuve ne peut se procurer cet acte, elle enverra tout de même son dossier au bureau des pensions en y joignant l'avis de décès adressé par la Mairie ou par l'autorité militaire.

même commune que l'intéressée. Cette pièce devra être légalisée par le maire de la commune où réside actuellement l'intéressée, à Paris dans l'arrondissement.

A défaut produire un acte de notoriété, délivré dans les conditions fixées par les articles 70 et suivants du code civil. Cette seconde solution, à raison des frais qu'elle entraîne, n'est à adopter que s'il est absolument impossible de se procurer l'attestation dont il est question ci-dessus.

L'attestation ou l'acte de notoriété n'est exigé des veuves que si elles ne peuvent produire un acte de mariage, un livret militaire du mari ou un livret de mariage indiquant la date et le lieu de leur naissance.

2° Acte de mariage à remplacer par tout acte officiel ou authentique établissant l'existence du mariage ; livret de mariage ; livret militaire ou état de services du mari, portant mention du mariage ; acte de naissance portant mention du mariage, acte notarié indiquant que telle personne a justifié de son mariage avec le militaire décédé.

---

§ III

Pension des Orphelins

Droit à pension

Après le décès de leur mère, ou lorsque celle-ci se trouve déchue de ses droits, les enfants légitimes ou légitimés des militaires morts dans les conditions sus-indiquées, ont droit à un secours annuel payable jusqu'à la majorité du plus jeune d'entre eux. Ce secours est égal au montant de la pension à laquelle aurait droit la veuve suivant les circonsances du décès du mari.

Réversibilité

S'il existe une veuve avec des orphelins mineurs issus de précédents mariages du militaire décédé, la pension est partagée par moitié entre la veuve d'une part, et ses orphelins, d'autre part, jusqu'à la majorité des orphelins ou du décès de la veuve.

L'enfant mineur peut obtenir une pension à titre provisoire lorsque la mère pensionnée ou en possession du droit à pension a disparu depuis plus de 3 ans ou est déclarée temporairement déchue de ses droits.

Justification. Pièces à fournir

Les pièces à produire sont les suivantes :

1° Demande formée par le tuteur de l'orphelin, mineur émancipé; et pour les orphelines mariées, la demande est faite par le mari et légalisée par le maire de la commune.

2° Acte de naissance des orphelins.

3° Certificats de vie des orphelins.

4° Acte de célébration de mariage des parents.

5° Acte de décès du père et de la mère.

6° Etat de services du père qui doit être demandé au dépôt du régiment,

7° Certificat délivré par l'autorité municipale sur la déclaration de 2 témoins constatant que le père n'a laissé ni veuve ni autre enfant mineur.

8° Extrait de la délibération du Conseil de famille réuni pour la nomination du tuteur ou pour l'émancipation de l'orphelin.

9° Certificat du genre de mort qui doit être demandé au dépôt du régiment du mari et peut être porté avec l'état des services (6e *pièce*).

Toutes ces pièces sont établies sur papier libre et sans frais, les actes de l'état civil, dûment légalisés, excepté pour le Département de la Seine où les actes ont été établis et sont appelés à servir.

Entrée en jouissance.

La pension des veuves court du lendemain du décès du mari; la pension des orphelins ou les secours annuels produisent arrérages du lendemain du décès du père, si la mère est décédée ou déchue de ses droits, ou du lendemain du décès de la mère, si celle-ci décède après son mari.

Ces pensions ou secours sont payables à terme échu, trimestriellement.

Avances sur pensions.

Des avances mensuelles égales aux 4/5 du montant de la pension, peuvent être consenties aux veuves et orphelins en attendant la concession de la pension à laquelle ils ont droit.

Ces avances sont payées aux veuves et aux orphelins qui ont obtenu une délégation de solde d'office du lendemain du jour où prend fin la délégation et pour les non délégataires, à compter de la date du décès du mari.

Mandatement des avances.

Les avances sont mandatées par le S/Intendant militaire de la circonscription de la veuve ou de l'orphelin sur production des pièces ci-après :

Veuves.

Pièces nécessaires pour obtenir des avances.

1° Bulletin ou avis de décès du mari.

2° Extrait de l'acte de mariage de moins de 3 mois de date, mentionnant que ni divorce ni séparation n'est intervenu.

3° Certificat du dépôt du corps faisant connaître la situation du militaire décédé, et s'il y avait délégation de solde d'office ou volontaire qu'elle a été annulée.

4° Si le mari était fonctionnaire de l'Etat des Départements ou des Communes, certificat du service employeur attestant qu'il ne paie pas à sa veuve la 1/2 du traitement civil et la date à laquelle ce paiement a été arrêté.

Orphelins.

Mêmes pièces que ci-dessus, la pièce n° 2 étant remplacée par un extrait d'acte de naissance des orphelins portant certification de leur existence, et, en outre, extrait de l'acte de décès de la mère ; certificat de l'autorité municipal sous déclaration de 2 témoins, constatant que le père n'a laissé ni veuve ni autres enfants mineurs. Si les pièces en question ont été produites à l'appui d'une demande de pension, il peut être suppléé par un certificat à réclamer à l'Administration Centrale du Ministère de la Guerre ; ou si les pièces ne peuvent être produites, parce que le pays est occupé par l'ennemi, il peut être suppléé par un certificat de notoriété publique, établi par le maire et 2 témoins pour les personnes évacuées, autant que possible de la même commune, lesquels signent avec lui.

Dans tous les cas, la lettre motivée pour obtenir ces avances doit faire connaître l'adresse définitive et l'engagement formel de rembourser cette avance sur les premiers arrérages.

Les militaires sont tenus, pour obtenir des avances sur pension de joindre à leur demande le certificat de cessation de paiement délivré par le corps ou service, auquel ils ont appartenu en dernier lieu.

Cumul.

Interdiction du cumul entre la pension et l'allocation.

Le cumul est interdit entre l'allocation prévue par la loi du 5 Août 1914, et la pension des veuves Les ayants-droit peu vent opter pour l'un et l'autre des deux systèmes. S'ils optent pour l'allocation, la jouissance de la pension est reportée à la cessation des hostilités ; s'ils optent pour la pension, l'allocation peut leur être servie, mais seulement à titre d'avances à retenir sur les premiers arrérages (1)

Des Délégations de Solde.

Délégation de solde.

Les officiers et assimilés, les employés militaires s/officiers, s/officiers rengagés et commissionnés servant au-delà de la durée légale, peuvent déléguer la moitié de la solde dont ils sont titulaires au moment du départ en faveur de leur femme, de leurs ascendants ou descendants. Ces bénéficiaires peuvent, dans le cas où le militaire n'aurait pas usé de cette faculté, obtenir l'institution d'une délégation d'office et la percevoir jusqu'à la fin des hostilités.

Demandes. Justification.

En cas de décès, il suffira aux ayants-droit, pour obtenir cette délégation, d'adresser une demande au dépôt du corps ou service auquel appartenait le militaire décédé, et de joindre une pièce de manière à établir d'une façon indiscutable, les liens qui le rattachent à l'ayant-cause. Cette délégation a effet à compter du 1er jour du mois pendant lequel la demande a été présentée ; elle constitue une avance mensuelle à payer aux ayants-droit jusqu'à ce qu'ils aient reçu leur titre de pension.

---

(1) Loi du 9 Avril 1915.

CHAPITRE III

GRATIFICATION DE RÉFORME

Droit à la gratification de réforme.

La pension est accordée aux militaires non-officiers, lorsque le soldat est hors d'état de pourvoir à sa subsistance. Lorsque les blessures reçues ou infirmités contractées au service ne sont ni graves ni incurables, mais entrainent une diminution de travail, elles donnent seulement lieu à gratifications annuelles renouvenables, variables, suivant le degré de gravité de la blessure ou de l'infirmité, ainsi que du grade de l'intéressé.

Degrés de gravité.

Les degrés de gravité de la blessure ou de l'infirmité ont été calculés, comme pour les pensions, en plusieurs échelons, à déterminer par les médecins experts, correspondant à la gravité de la blessure et qui comprennent :

1° catégorie : Abolition totale non incurable de la faculté de travail.

2° catégorie : Réduction non incurable des facultés de travail évaluée à 50 p. 100.

3° catégorie : Réduction non incurable des faculté de travail évaluée à 60 p. 100.

4° catégorie : Réduction d'au moins 50 p 100 incurable ou non incurable.

5° catégorie : Réduction d'au moins 40 p. 100 incurable ou non incurable.

6° catégorie : Réduction d'au moins 30 p. 100 incurable ou non incurable.

7° catégorie : Réduction d'au moins 20 p. 100 incurable ou non incurable.

8° catégorie : Réduction d'au moins 10 p. 100 incurable ou non incurable.

Tarif des Gratifications renouvelables

Annexe au décret du 24 Mars 1915

GRADES	1re catégorie Dimin. de 100 %	2e catégorie Dimin de 80 %	3e catégorie Dimin. de 60 %	4e catégorie Dimin. de 50 %	5e catégorie Dimin. de 40 %	6e catégorie Dimin. de 30 %	7e catégorie Dimin. de 20 %	8e catégorie Dimin. de 10 %
	FR.	FR.	FR.	FR.	FR.	FR.	FR.	FR.
Adjudant-Chef.	1.820	1.400	1.100	910	730	550	368	184
Adjudant	1.690	1.300	1.000	832	666	500	334	168
Aspirant	1.625	1 250	950	791	633	475	318	159
Sergent-Major..	1.560	1.200	900	750	600	450	300	150
Sergent....	1.430	1.100	800	666	533	400	268	134
Caporal....	1.170	900	700	582	466	350	234	118
Soldat	975	750	600	500	400	300	200	100

Militaires européens.

Observation.

La gratification ne comporte jamais de majoration pour les années de service.

Durée.

Les gratifications sont accordées en principe pour 2 ans. Elles peuvent être renouvelées et même converties en pension ou gratification permanentes si l'infirmité s'est aggravée ou est devenue incurable dans un délai de 5 ans. depuis la date de la cessation d'activité ; mais par contre, elles peuvent être aussi diminuées de taux, d'après le tarif ci-dessous, si l'infirmité s'améliore Elles ne sont pas renouvelables en cas de guérison.

Cumul.

Les règles prohibitives de cumul en matière de pension militaire s'appliquent à la gratification de réforme.

Perte des droits à la gratification pour inconduite.

La gratification peut être retirée pour inconduite.

Demandes.

Instruction des demandes.

Les hommes présents sous les drapeaux se trouvant dans les conditions exigées sont proposés d'office. C'est le Corps qui instruit l'affaire et établit le dossier, l'intéressé ne produisant que son acte de naissance et le certificat d'origine.

Les hommes rentrés dans leurs foyers doivent adresser leur demande au Ministère (*Bureau des Pensions*).

L'intéressé est ensuite visité par la commission spéciale de réforme de la subdivision où il réside. Cette commission fait établir le mémoire de proposition. Le postulant subit par la suite une visite médicale tous les 2 ans pour constater son état ainsi qu'il est dit ci-dessus.

CHAPITRE IV

DIVERS

Frais de Route.

Droits des familles des décédés aux frais de route et de transport de mobilier.

A partir de la mobilisation, les veuves, les orphelins mineurs et les mères veuves de tous les hommes de troupes décédés sans distinction, ont droit, pour rentrer dans leurs foyers, ou se retirer dans une autre résidence, à l'indemnité kilométrique, à l'indemnité fixe de déménagement et à l'indemnité de transport de mobilier.

L'indemnité kilométrique consiste en une indemnité allouée par chaque kilomètre de parcours, suivant le grade du décédé.

L'indemnité fixe est une et même pour tous les militaires de chaque catégorie ; elle est progressive suivant les grades.

L'indemnité de transport du mobilier est afférente aux quantités transportées qui bénéficient d'un tarif réduit.

Mêmes droits que ci-dessus pour les femmes des disparus.

Ces mêmes indemnités peuvent être allouées aux ayants-droit des militaires disparus depuis plus de 6 mois.

Autres avantages accordés aux Fils de Militaires tués à l'ennemi.

Droit des fils d'officiers pour le Prytanée militaire

Les fils d'officiers de toutes catégories tués à l'ennemi, morts des suites de blessures ou en possession d'une pension de retraite ou de réforme pour infirmités, peuvent être admis au Prytanée militaire, soit aux places gratuites ou demi-gratuites, Les familles qui désirent faire inscrire un enfant pour prendre part au concours, n'ont qu'à s'adresser pour renseignements au Préfet de leur Département.

Droit des fils de sous-officiers pour l'admission dans une Ecole d'enfants de troupe et à l'Orphelinat Hériot.

D'un autre côté, les mêmes avantages sont réservés aux enfants des sous-officiers pour les placer dans les écoles d'enfants de troupe ou à l'Orphelinat Hériot.

Les candidats doivent avoir 2 ans révolus : ils sont laissés dans leurs familles jusqu'au moment de leur entrée dans l'école (13 ans) et reçoivent les allocations annuelles suivantes.

100 francs de 2 à 5 ans ;

150 — 5 à 8 ans ;

180 — 8 à 12 ans.

Se renseigner auprès du bureau de recrutement de la résidence pour la candidature et les pièces à fournir.

Exemption de l'impôt dans les successions de militaires décédés sous les Drapeaux.

Sont exemptées de l'impôt de mutation, par décès, les parts nettes recueillies par les ascendants, descendants et par la veuve du défunt, dans les successions des militaires tués à l'ennemi, morts en service commandé ou de maladie contractée pendant la durée de la guerre. Demander, à cet effet, un certificat au dépôt du Corps auquel appartenait l'ayant-cause.

Modèle général d'une demande pour secours ou pension.

A Monsieur le Général commandant la subdivision

*du département d*_______________________

(1) Nom et prénoms du demandeur ; pour les veuves, leur état-civil de jeune fille.

(2) Fils, mari, père, etc.

(3) Nom et prénoms du militaire décédé.

(4) Grade et fonctions.

(5) Indication de la situation militaire, régiment, compagnie.

(6) Signature.

Les demandes de pension doivent être adressées au Sous-Intendant Militaire, pour les militaires présents au corps, (blessés, etc), la demande est établie par le corps sur un imprimé Modèle n° 3, de l'Instruction du 23 mars 1897.

L   soussigné (1)_______________________

____

domicilié à_____________, rue_________n°_____

a l'honneur de solliciter l'allocation d'un secours immédiat (ou d'une pension) en raison du décès

de son (2)_______________________

le nommé (3)_______________________

(4)_______________________

au (5)_______________________

n° matricule_______ décédé le_______

à_______________________

des suites de blessures de guerre ou maladies.

A_____________, le_____________1915.

(6)

Vu pour légalisation de la signature de_______________apposée ci-dessus.

Le Maire,

Rouen – Imprimerie MARÉCHAL, 23, Quai de Paris.